तू ना जाने आस पास है ख़ुदा

रवि जसवाल "शैंडर"

BlueRose ONE.com
Stories Matter
NewDelhi • London

BLUEROSE PUBLISHERS
India | U.K.

Copyright © Ravie Jaswal Schander 2025

All rights reserved by author. No part of this publication may be reproduced, stored in a retrieval system or transmitted in any form or by any means, electronic, mechanical, photocopying, recording or otherwise, without the prior permission of the author. Although every precaution has been taken to verify the accuracy of the information contained herein, the publisher assumes no responsibility for any errors or omissions. No liability is assumed for damages that may result from the use of information contained within.

BlueRose Publishers takes no responsibility for any damages, losses, or liabilities that may arise from the use or misuse of the information, products, or services provided in this publication.

For permissions requests or inquiries regarding this publication, please contact:

BLUEROSE PUBLISHERS
www.BlueRoseONE.com
info@bluerosepublishers.com
+91 8882 898 898
+4407342408967

ISBN: 978-93-6783-945-4

Cover Design: Aman Sharma
Typesetting: Pooja Sharma

First Edition: January 2025

कविता स्वच्छतम हृदय की परिपक्व धड़कनों में चुपके से जन्मती है - धूल धूसरित द्वंदासक्त जीवन में फूटतीं कोंपलों जैसी, कभी कभी किन्ही काँटों सी चुभन लिए, कभी अमृत कणों से सनी, कभी बन मूक हृदय के बाण तो कभी आह्लादित हृदय के उचश्रृंखल श्वास! अभी तो कविराज " श्रीमन रवि जसवाल" की अमूल्य कृति "तू ना जाने आस पास है ख़ुदा" पाठकगण को समर्पित करते हुए हर्षोल्लास और प्रेम भाव से हम गौरवान्वित हो रहे हैं !!

-शून्यों- !

अनुक्रमणिका

1. Friends in a room full of loneliness : 1

2. बढ़ती उम्र : 3

3. हस्ती : 4

4. वक्त : 5

5. किरदार : 6

6. ज़िन्दगी : 7

7. ख्वाब : 9

8. कण इक राख का : 10

9. मुहब्बत : 11

10. बरसात: 12

11. इन्सान : 13

12. रिटायरमैंट : 15

13. बूंदी जैसी ज़िदगी : 16

14. खुदा : 17

15. पत्थरों का शहर : 19

16. रात के अन्धेरे : 20

17. अजब एहसास : 22

18. प्रकृति : 23

19. तकदीर : 25

20. अधमरी शमां : 26

21. मरती हुई सच्चाई : 27

22. ज़िन्दा मुर्दें : 29

23. अभिलाषा : 31

24. हिम्मते मर्दां : 33

25. रोशनाई : 34

26. दीया : 35

लेखक के बारे : 36

1. Friends in a room full of loneliness :

अकेला रहने नहीं देते मुझे मेरे ये दोस्त तनहाई में,
कुछ उम्र दराज कुर्सियां, एक टेबल, लंपट छत्त के पंखे
और दीवार पे लटकते धुन्धले आईने।

आईने मेरे चेहरे पे, बढती उम्र के निशान सहते रहते हैं,
तो छत्त पे लट्कते पंखे "KEEP SMILING, KEEP SMILING"
SCREAM करते रहते हैं।

बन्द कमरे में भी महफ़िल सी लगाए रखते हैं,
ये हवा में झूलते खिड़कियों के पर्दे भी
मद्धम मद्धम झंकार बनाए रखते हैं।

बिस्तर पर पड़ी सिलवटें याद दिलातीं हैं,
कि रात कितनी गहरी रही होगी,
तो बेतरतीब तकिओं ने जाने कितनी ठोकरें रात भर,
मेरी सोच की सही होंगी।

मोबाईल भी कभी कभी
"I just call to say I love you" कहता रहता है,
नल से टपकती बून्दों के साज़ भी "keep it up, keep it up" कहते
रहते हैं,

और छत पे लगे पंखे भी "keep smiling, keep smiling" scream करते रहते हैं।

अकेला रहने नहीं देते मुझे मेरे ये दोस्त तन्हाई में ,

दोस्ती का फ़र्ज़ अदा करते रहते हैं ।।।।।।।।।।

2. बढ़्ती उम्र :

बचपन की पगडंडीयों को कूदते फ़र्लांघते
जाने कब जवां हो गए,
जवानी के तज़ुर्बे के चेहरे पे अब निशां हो गए।
ना जाने कब लिफ़ाफ़ा रसीदी,
थमा जाएंगे आसमानी हरकारे,
जो करते ना थे शिकायत कभी कोई
वही अंग जिस्म के,
अब हमारी ढलती उम्र की ज़ुबां हो गए।
कि बदलता है ज़माना हर किसी के लिए "रवि",
पनाहगाह थे जो इनकी ठंडी छांव में कभी
उन्ही दरख्तों से उंचे देखो तो अब मकां हो गए
जवानी के तज़ुर्बे के अब चेहरे पे निशां हो गए।।।।।।।।।

3. हस्ती :

हवाओं मे आवारा तैरते तिनके सी हस्ती है
ना समझ अनमोल
कि खुदाई निज़ाम में
कीमत तेरी सस्ती है ।
तू तारों की ओर उड़ने को है तैयार ऐ इन्सान,
मगर धूल के मंझधार में तेरी कश्ती है ।
फ़तह कर ली हैं कई चोटियां तूने मगर,
कुदरत के पैरों में तेरी बस्ती है
तू कहता है तू है वसा मुद्दतों से इस शहर में,
मगर अभी भी हवाओं में
आवारा तैरते तिनके सी तेरी हस्ती है ।।।।।।।।

4. वक्त :

हमने वक्त को दुनिया दहलाते देखा है।

हमने वक्त को मरहम लगाते देखा है।

आंसू पिलाते देखा है,

खुशियां फ़ैलाते देखा है।

जो कहता है कि वक्त मेरा है,

उसे वक्त की चौखट पे गिड़गिड़ाते देखा है,

फ़नाह है ज़र्रे ज़र्रे में फ़ंकार कई,

धूल से उठा कर अर्श पे और अर्श से धूल में मिलाते देखा है,

न कर वक्त की पहरेदारी

हमने वक्त को शहंशाहों को फ़कीर

और फ़कीरों को ताजोतख्त पे बिठाते देखा है।

हमने वक्त को दुनिया दहलाते देखा है मरहम लगाते देखा है ।।।।।।।।।।।।

5. किरदार :

मार डाला मैने आज, अपने अन्दर के उस किरदार को

मोहताज था बनावटी और झूठे प्यार का जो।

मुझे पता है जुर्म मैने किया है,

मगर कोई नहीं यहां उसके लिए रोए जो।

कुछ तो बोझ कम हुआ ज़िन्दगी का,

नए सिरे से लूंगा ज़िन्दगी के धागे पिरो।

वैसे भी मुहब्बतें किसी काम की नहीं रहीं हैं मेरे लिए पहले भी,

लेकिन सोचा। चलो एक तज़ुर्बा और हो।

नहीं लौटूंगा अब उल्फ़त की गली कभी,

चाहे जो हो सो हो।

मेरे इस किरदार से मुहब्बत करने वालो,

गुनहगार हूं मैं तुम्हारा भी

मगर आज़ाद रहना चाहता हूं अब मैं।

हो सके तो मुझे माफ़ कर दो।

नए सिरे से लूंगा ज़िदगी के धागे पिरो ।।।।।।।।।।

6. ज़िन्दगी :

ये पेडों से टूट्कर गिरते पत्ते,
जैसे ज़िन्दगी से रूठ गए।
इन्हे उठा घौन्सलों मे ले जाते पंछी
गाते ज़िन्दगी के गीत नए।
यह ज़िन्दगी के भी अजीब इत्तेफ़ाक हैं ,
जो गुज़र रहे वो फ़लक पे हैं
और जो गुज़र गए वो सपुर्दे खाक हैं।
बचपन, जवानी या बुढापा, बस दिन चार हैं ,
पालना, कार, घोड़ी और फ़िर अर्थी तैयार है।
रो के कटेगी या हंस के भी गुज़रेगी,
रो के नश्तर राह में मिलेंगे
हंसोगे तो फ़ूलों के हार हैं ,
तू टूट्कर गिर, या गिर के संभल,
तेरी पैदायश पे भी फ़ूल सजे थे,
तेरी मयत पे भी फ़ूलों के हार हैं।
अरे। यही तो मजमूने ज़िन्दगी है –
टूट्कर गिरते हैं जो पत्ते शाख से
नई ज़िन्दगी का आधार हैं

इनके गिरने ही से तो बहार है......

जीना सीख। रो के नश्तर मिलेंगे राह में और हंसोगे तो फ़ूलों के हार हैं ||||||||

7. ख्वाब :

नींद के शजर पे ख्वाबों के घरौंदे
सच की आन्धियों ने सब उड़ा डाले।
"मैं जला लूंगा मुहब्बत के दिए तूफ़ानों मे भी"
यह खुश्फ़हमी अब कौन पाले ?
ज़र्रा ज़र्रा बन कर बिखर जाएंगे वो फ़नकार भी,
जिनके फ़न ने कई सर झुका डाले।
कि यह आफ़ताब भी तनकर खड़ा रहा बादलों के बीच,
मगर, रात की स्याही ने छीन लिए इस के भी दिन के उजाले।
फ़ैलाए बैठा है झूठ के शामियाने हर कोई,
किसी ने सजा लिए जाम , कोई खोले बैठा "शिवाले",
न तो खुदा मिला "रवि" को,
मैकश के भी छलकते रहे प्याले।
"भरा" हुआ यहां कोई नहीं, "खाली" भी नहीं कोई।
तो क्यों कहते हो "और", "और"?
वो जो नींद के शजर पे घरौन्दे थे ख्वाबों के
सच की आन्धिओं ने सब उड़ा डाले ।।।।।।।।।।

8. कण इक राख का :

ऐ मौसमों।

तुम मुझे उलझाओगे अपने जाल में क्या?

मैं इतना सरल हूं

कि नीला रंग जैसे आसमां का।

आन्धियों से भी न उड़ा पाओगे मुझे

क्योंकि मैं इक पत्थर हूं

ज़मीं से जुड़ा।

हिलाएंगे जलजले भी क्या मुझे ?

मिट्टी का पहाड़ ही सही,

मगर हूं सीना तानके खड़ा।

न ही पानियों में बहा पाओगे मुझे

कि इतना तरल हूं मैं पानी ही हो जाउंगा ,

मुश्किलो क्या फ़ायदा डराने से मुझे?

तुम्हे भी पता है कि मैं हल हूं तुम्हारा..

सुलझा लूंगा इक पल में तुम्हे और

इन्सान से खुदा हो जाउंगा।

बस। जान लेने दो मुझे मेरे खुद के वजूद को,

इन्सां हूं ? भगवान हूं ?

या फ़िर बवंडर में उड़ता "कण इक राख का"?।।।।।।

9. मुहब्बत :

मैं मुहब्बत की नज़्म सुनाता रहा,

वो खन्जर को धार देते रहे,

कुछ लोग मेरे सब्र का इम्तिहां लेते रहे।

मायूस नहीं हैं लफ़्ज़ मेरे

इश्क से सरावोर हैं ,

मैं लिखता रहा वो मिटाते रहे,

मुझे हारा हुआ जान कर गए जब वो,

मेरी ही नज़्म के अल्फ़ाज़ गुनगुनाते रहे।

वो दुनियावी खेल के माहिर हैं ,

मैं मुहब्बत का मुज्जसिमा बन कर रहा खड़ा,

वो मुझे कुरेद कुरेद गिराते रहे।

मैं प्यार का झरना बन कर बहता रहा,

वो प्यासे थे, मेरे पानियों से अपनी प्यास बुझाते रहे ,

मै लिखता रहा वो मिटाते रहे,

मगर वो मेरी ही नज़्म के अल्फ़ाज़ गुनगुनाते रहे ||||||||||||||

10. बरसात:

लम्हों की बरसात में भीग न सके
और लगा कि बक्त के सहरा में ज़िन्दगी निकल गई।
छाता लेकर निकले थे हंसी की फ़ुहार में
बाहर गमों की कड़कती धूप खिल गई।
पैरों में हौंसलों के मखमली जूते पहन लिए मगर,
तेज़ शूलों की नोक में राहें बदल गईं।
गुमान की दौलत में थक के चूर, उम्र की ढलान पर,
पीछे मुड़ कर देखता हूं तो पाता हूं,
शूल फ़ूल में बदल गए और धूप छांव में ढल गई।
कैसे कैसे इम्तिहान लेती है ज़िन्दगी?
डाले इतने मुश्किल जो सवाल,
उन्हे खुद ही हल कर गई ?
न अब भीगने की ख्वाहिश है न छांव की दरकार,
बस जीते जाओ, कैसे भी, जैस यह चाहे "रवि"
ज़िन्दगी हर पल नई, पल, पल नई ।।।।।

11. इन्सान :

इन्सान के करीब इन्सान हुए
कुछ जवाब तलाशने के लिए,
इन्सान ही अब इन्सान के सवाल हो गए।
इक अदद खुशी के लिए हासिल किए थे जो मुकाम,
वही मुकाम अब जी के जंजाल हो गए।
अलग हो गए इश्वर से परमेश्वर
कहीं अल्लाह से खुदा जुदा हो गए।
कुछ टोपी पहन नमाज़ी बन गए,
कुछ अहंकार में डूबे "रवि जसवाल " हो गए।
सांस काफ़िर भी लेगा, जीएगा फ़कीर भी,
फ़कीर पीर बन गए, काफ़िर बवाल हो गए।
मुहब्बत तो जैसे गुज़रा ज़माना हो गई,
नफ़रत के परचम थामे आए थे जो तमाशाई,
वही आज मुल्क के रहनुमा बन गए,
उन्ही के आज इस्तक्बाल हो गए।
सोचता हूं कहां से शुरु करूं मुहब्बत का नग्मा?
चन्द लफ़्ज़ जो लिखे थे रूबाई के,
याद नहीं कब वो ख्याल हो गए।

इन्सान ही इन्सान के सवाल हो गए,

कुछ टोपी पहन नमाज़ी बन गए,

कुछ अहंकार में डूबे "रवि जसवाल" हो गए ॥।॥।॥।॥

12. रिटायरमैंट :

थका हूं, मगर रुका नहीं।
परिन्दे के लिए आसमान अभी और भी हैं।
कुछ हासिल कर लिया,
कुछ और हासिल करने निकल पड़ा,
कुछ अनछुए आयाम और भी हैं।

ये तो सफ़र है मन्ज़िले ज़िन्दगी की जानिब,
कुछ तज़ुर्बात कुछ पयाम और भी हैं।
कि हमसाया बन जो साथ चले, साथ हो लिए,
कुछ और मिलेंगे अभी राहों में,
उनसे दुआ सलाम अभी और भी हैं।

कदम दर कदम नई कहानी लिखी
मगर इस कहानी के उन्वान और भी हैं,
बढता है, गिरता है, उठता है और फ़िर चल देता है जो,
ज़िन्दगी में उसके इनाम अभी और भी हैं।

अब तलक हिस्सा रहा तुम्हारी गली का "रवि"
मगर इस गली के आगे मकां और भी हैं,
दिल में, ख्याल में और याद में वसाए रखना दोस्तो,
वैसे यहां, वहां हर जगह मेरी मुहब्बत के निशां और भी हैं ।।।।।।।।।

13. बूंदी जैसी ज़िदगी :

लम्हे जैसी ज़िंदगी में बूंदी सी मिठास,
घुल-घुल जाये स्वाद में, कुछ और मिलन की आस ॥
आस मुस्कान की और आसमानी सपने,
सपनों में फ़ूट्ते झरने, पर रेगिस्तानी प्यास ॥
मृग मरिचिका सा छलावा, फ़िर भी ज़िंदगी की तलाश,
क्योंकि इस लम्हे सी ज़िंदगी में बूंदी की मिठास ॥
लम्हे सी ज़िन्दगी, पर सदियों का एहसास,
ईक ईक पल में बोझ ज़माने के,
बोझ तले दबी ज़िन्दगी में हर दिन के उपहास,
हर उपहास के ज़खम से रिसता जीवन का अट्ठहास,
अट्ठहास की प्रतिध्वनि में गूंजते सांसो के सम्वाद,
सम्वाद से छलकता अपनापन और उत्सव सा उल्लास,
इस लिये जीना सीख
क्योंकि इस लम्हे सी ज़िदगी में बूंदी की मिठास......||||||||||||

14. खुदा :

बहल जाता जो मिट्टी के खिलौने से तो इंसा क्यों रोता?

गोया मिट्टी का ही तो पुतला है, मगर समझ जाता तो आंख क्यों भिगोता?

ये आना जाना है दस्तूरे-दुनियां, पा जाता यह दस्तूर तो ताने बाने क्यों पिरोता?

उलझता रहा अपने ही गिरेबां से उम्र भर, ना उलझता तो इंसा खुदा होता ॥

कि तू तो बाशिंदा है जन्नत का, तो दोज़ख के मुहाने क्यों रोता?

दो गज़ ज़मीं का है मालिक हकीकत में, ये महल यह मिनारों के खंडहर क्यों ढोता?

तेरी ही कब्रगाह के होंगे यह पहरेदार और उन्ही की हिफ़ाज़त में रहेगा सोता,

इन फ़ौलादी चट्टानों का चेहरा भी तराशा है खुफ़िया हवाओं ने,

न तराशा होता तो यह जहां पत्थरों का बंजर होता, पर तुझे गुंमां न हुया रवि,

हुया होता तो न दिल तेरा पत्थर होता ॥

अरे टूटते तारों से कुछ मांगने वाले। ख्वाहिशों से मिलते तारे तो आसमां खाली होता,

न हवा होती, न सावन, न मैं होता न आंगन , न महफ़िल होती न तन्हाई न मुहब्बत न रुसवाई,

बस ……खुदा होता, खुदा होता, खुदा होता ॥

15. पत्थरों का शहर :

फ़कत इक मुस्कुराहट तलाशते रहते हैं,

इस शहर के बाशिन्दे न जाने किस गुमाश्ते में रहतें हैं ॥

नहीं जानते, कि इक मुस्कुराह्ट के लिये रूह की चादर को प्यार के अश्कों से धोना होगा,

ओढ़ रखा है लबादा जो गुरूर का, दूर जंगलों में इसे खोना होगा,

क्योंकि, वहीं से तो निकल के आया था इंसान,

भला चंगा था, लेकिन आके यहां बना लिया परेशानियों का मकान,

खुद ही उलझा, खुद ही सुलझा, कहता है मैं हो गया हूं सभ्य,

अब अगर सभ्य होने की कीमत गमगीं चेहरे हैं तो,

क्यों ढूंढ़ता है बागीचे - तेरे लिये काफ़ी है यह शमशान,

यूं भी मुस्कुराते गुलों की बगिया ही तो थी यह ज़मीं, तूने खुद ही इसे खंडहर बनाया,

यह जो बचपन तराशती मिट्टी थी, तूने फ़रेब के लहू से इसे पत्थर बनाया,

पत्थरों में रह कर हो गयें हैं पत्थर तेरे शहर के लोग, पत्थरों के बुतों में लहू तलाशते रह्तें हैं,

इस शहर के बाशिन्दे न जाने किस गुमाश्ते में रहतें हैं,

फ़कत इस मुस्कुराहट तलाशते रहते हैं ॥

16. रात के अन्धेरे :

चमकते सूरज पर स्याह चादर ओढ़ा देते हैं, उजले मन भी इनके
आग़ोश में होश गंवा देते हैं,
इंसान इंसानियत के सौदे इन्ही की ओट में पटा लेते हैं,
क्योंकि यह रात के अन्धेरे न जाने इन्सान के कितने पाप छुपा लेते हैं ॥

रोशनी को ढूंढता है आया सदियों से आदमी
इसके ख्वाबों को रोशनी ने ही दी है ज़मीं,
पाई है मंज़िल आदमी ने जो भी, रोशनी ने ही दिखाई है,
हर खुशी आदमी ने रोशनी के दामन से ही पाई है,

मग़र जाने क्यों ? खुशी की महफ़िले, अन्धेरों में सजा लेते हैं,
शायद तभी कि यह रात के अन्धेरे कई पाप छुपा लेतें हैं ।

अन्धेरों से खाये ज़ख्मों पर उजालो ने ही मरहम लगाई है,
अन्धेरी कोख से निकल कर ही परिन्दो ने परवाज़ पाई है,
उजालों ने ही उड़ते परिन्दो को उनके घोंसलों की राह दिखाई है,
और उजाले में ही आदमी ने यह दुनिया बसाई है ।

मगर जाने क्यों दुनिया की पीठ में ख़ंजर चुभा देते हैं,
अजीव लोग हैं – सोते ज़मीं पर हैं मग़र चारपाई पे पांव चढ़ा लेते हैं...
शायद तभी कि यह रात के अन्धेरे इन्सान के कई पाप छुपा लेतें हैं ।

दिन के उजाले में पाया है जहां, रात के सहारे ढूंढता है,

कितना खुदग़र्ज़ है "रवि", अपनी ख्वाहिशों के किनारे ढूंढता है,

लबालब भरा है ख्वाहिशों से मगर मचलता है, दूसरों का सामान देखता है,

मंदिर-मस्जिदें बना कर रौंद डाली है ज़मीं, मगर दुआ के लिये आसमां देखता है।

ये आसमां के शून्य उसके लाखों जहां समा लेते हैं,

शायद तभी दुनिया के लोग अपने लिये अलग आसमां बना लेते हैं

क्योंकि इंसा के आसमां के नीचे के अन्धेरे उसके कई पाप छुपा लेते हैं ||||||||||

17. अजब एहसास :

मेरी अलसाई आंखों ने फ़िर देखे कुछ नए सपने,

गुमशुदा दुनिया की भीड़ में फ़िर ढूंढे कुछ नए अपने,

फ़िर से जगी इक आस है,कोई अजब एहसास आस पास है ,

कुछ नया होने वाला है ज़िन्दगी, तभी यह सुबह भी कुछ खास है ,

खामोशियां नग़मों में बदलने लगी हैं,

सरगोशियां गुलों में चलने लगीं हैं,

फ़िर से लगता है छिड़े हैं मुहब्बत के साज़,

खुलने लगे हैं जो छुपा कर रखे थे रात के राज़,

नहीं लौटेगा वो लम्हा जो अभी अभी बन गया तवारीख,

इस फ़लसफ़े को समझ ,"रवि" इस कुदरत से जीना सीख,

कि कुछ नया होने वाला है ज़िन्दगी में तभी यह सुबह खास है,

कोई अजब एहसास आस पास है ....

18. प्रकृति :

उम्मीद की उर्जा जीवन को गतिमान बना देती है,
और निराशा की घर्षण इसके कुछ पल चुरा लेती है।
मुस्कराते चेहरों पर यह प्रकृति भी मुस्कुरा देती है,
और आंसुओ की नमी जीवन के पन्नों से कई शब्द मिटा देती है॥

हमने माना कि शब्दों का हेर फ़ेर ज़िन्दगी है,
लेकिन शब्दों के हेर फ़ेर से ये सुन्दर कहानी सजा लेती है,
आगाज़ जिसका मधुर है और अंत भी भला होगा, लेकिन हर पन्ने पर इक अलग तस्वीर बना देती है।
तस्वीरें बोलती नहीं पर कुछ तो ब्यान करती हैं ?
उदास चेहरों से जटिलता और मुस्कुराती तस्वीरों में सरलता सजा देती हैं...
क्योंकि मुस्कुराते चेहरों पर यह प्रकृति भी मुस्कुरा देती है॥

प्रकृति की उम्र का अन्दाज़ा है आपको ?
पता नहीं ये शैश्व काल है इसका या यौवन की अंगड़ाई,
पर हमारे चेहरों पर यह उम्र की लकीरें बना देती है।
हम समझें इसे ज़िन्दगी का तज़ुर्बा या परेशानियों का जंजाल..
पर सच में यह हमारे चेहरे पर अपना ही अक्स बना लेती है...
क्योंकि मुस्कुराते चेहरों पर यह प्रकृति भी मुस्कुरा देती है॥

अपने अक्स में प्रकृति ने अपनी प्रकृति भी तो डाली होगी,

शायद तभी मन को मन की सीमा रेखा से आगे दौड़ा देती है ,

हम प्रकृति से खिलवाड करते हैं और वो हमसे,

हमारी सफ़लता हमें खुदा और हार हमें टूटा खिलौना बना देती है।

बस यही अन्तर है प्रकृति और मानव में,

आदमी टूट-फ़ूट जाता है और प्रकृति टूट फ़ूट में भी नया सृजन बना लेती है,

जीतना हारना तो हमारे बनाए शब्द हैं , पर प्रकृति को ना जीत है और हार भी ना,

वो तो बस मुस्कुराते चेहरों पर....खुद भी.....मुस्कुरा देती है ।।।।।।।।।।।

19. तकदीर :

तूफ़ां का रूख कभी किसी ने मोड़ा नहीं, कौंधती बिजलीयां राहें रौशन करती नहीं,

बरसते पानी सैलाव ही लाते हैं, और आंधिया हिलाती ज़मीं नहीं,

फ़िर भी कोशिशें जारी हैं तूफ़ां से ट्कराने की, ज़मीं को हिलाने की,

क्योंकि इंसा की हिम्मत की सरहद आसमानो के पार है,

दनदनाती गोलियों या खनखनाती श्मशीरों में नहीं।

होती गोलियों या शमशीरों में तो इंसा पड़ा होता यहीं पे कहीं

नाखुदा होता अपनी तदबीर का ना कि खुदा होता तकदीर का,

क्योंकि तकदीर बाजुओं मे है ,हाथ की लकीरों में नहीं ॥

इन लकीरों में सिर्फ़ मायाजाल है ,

न तरक्की और न मंज़िलों की किरण कहीं,

निकल इन लकीरों से बाहर रवि कि मंज़िल चाह और राह से मिलेगी ,

हाथ की लकीरों में नहीं ॥॥॥॥॥॥

20. अधमरी शमां :

मुस्कुराहट चेहरे पे हर वक्त फ़ैलाए रखता हूं,

वो दामन पे पड़े लहू के धब्बे न देख ले, सर्द हवाओं के बहाने से दामन बाहों मे छुपाए रखता हूं ॥

न जाने कितनी उलझने मन से होकर आंखों मे झलकती होंगी,

कोई देख न ले, आंखों पे चश्में चढ़ाए रखता हूं,

कम्बख़त दिल भी हज़ार सवाल करता रहता है,

कोई देख न ले इस लिए लोगों को अपने शब्द जाल में उलझाए रखता हूं।

हिम्मत ही नहीं बची है इन ग़मों की कीमत अदा करने की इस लिए,

शामो सहर छलकते जाम सजाए रखता हूं,

साफ़ नज़र आ रहें है मुझे मेरे स्याह काले साए,

फ़िर भी किसी आस में टूटे फ़ानूसों में मैं कुछ अधमरी शमा जलाए रखता हूं ॥

मुस्कुराहट चेहरे पे फ़ैलाए रखता हूं ॥

21. मरती हुई सच्चाई :

किसी अबोध बच्चे की तरह अक्षरों को हवा में उड़ते देखता हूं,
अखबारों के पन्नों से सच्चाई को उखड़ते देखता हूं,
झूठ भी बेचारा कैसे रहे अकेला वहां
तो झूठ को वहां से उठ कर लोगों के दिलो दिमाग में बादलों सा घुमड़ते देखता हूं।

पर अब हर घडी तो नहीं न बरसेंगे झूठ और मक्कारी के बादल,
तो कभी कभी इमानदारी को भी चौराहे पे धूप में खड़े देखता हूं,
वैसे कम ही निकलती है बाहर आजकल,
क्योंकि अक्सर मैं उसे एक खंडहर मकान में प्रश्नों की शैय्या पर पड़े देखता हूं॥
देख कर लगता है कि बस कम ही बची है ज़िन्दगी उसकी,
क्योंकि उसके गालों पे ज़माने की ठोकरों से, खड्डे पड़े देखता हूं,
डाक्टर कहते हैं इसके घरवालों को बुला लो, समय कम है,
पर उसके घरवालों को तो मैं पहले ही
दफ़्तरों की दीवारों, मस्जिदों की मीनारों या गिरिजों में सूली पे चढ़े देखता हूं,
चलों खैर खुदा खैर करे, वही होगा जो वो चाहेगा, झूठ कौन सा सदा रहेगा,

उसके माथे पे भी मैं परिणाम की सोच की परेशानी की लकीरें पड़े देखता हूं।

पर अब सोचता हूं - कब तक दिल को लगा रखूं सच्चाई से?

इस से मूंह मोड़ ही लूं, जब इसे विस्तर पे -पीड़ा से, बदलते करवटे देखता हूं,

आजकल मैं सच्चाई को अखबारों के पन्नों से उखड़ते देखता हूं॥

22. ज़िन्दा मुर्दे :

ज़िन्दा लोग खौफ़ज़दा हैं मौत से
और मुर्दे ज़िन्दगी का लिहाफ़ ओढ़ने चले हैं,
सर्द चेहरे, सिफ़र ख्वाहिशें, लड़खड़ाते कदम
इन चेहरों पे सांझ के साए ढले हैं ॥

पहले शमशान शहर से बाहर हुआ करते थे,
मगर मुर्दों से मिलना गवारा ना था, अब शहरों में ही बना लिए हैं मुर्दाघर,
मानो मुर्दों का कोई और सहारा न था।
पछताओगे "रवि" दूसरों के घर विरान करके,
के उन वीरान घरों के साए तुम्हारे ही घरों पे पड़े हैं।
मगर ना जाने कैसे कैसे ख्यालात तुम्हारे ज़हन में पले हैं के इन चेहरों पे सांझ के साए ढ़ले हैं।

मस्जिदों के मीनार खंजरों जैसे और मंदिरों के गुम्बद हथगोले,
यहां तो कभी प्रसाद मिलता था। किसने आज यहां विष के कटोरे खोले?
पाना तुम्हे भी खुदा है, और हमें भी भगवान की तलाश है,
मगर तुमने मौलानाओं को ठगा है और हमने भी कई पंडित छले हैं।

तभी तो किस्मत धूल फ़ांकती है और हाथ की लकीरों मे कई ज़ख्म पले हैं........

ज़िन्दा लोग खौफ़ज़दा हैं मौत से और मुर्दे ज़िन्दगी का लिहाफ़ ओढ़ने चले हैं ॥

23. अभिलाषा :

आँखो के किनारे टिकी अभी भी एक अभिलाषा है,
बहने की करती है कोशिश मगर
ज़िंदा अभी भी एक आशा है !!
यादों के धुन्धले कपड़े पहन,
अभी भी वो आता है,
निर्जीव पड़े दिल के किसी कोने में
अभी भी दस्तक दे जाता है !!
ज़िन्दगी की पतझड़ शुरू होने को है,
कई चमकदार सपने चिरस्थाई सोने को हैं,
अब तो अश्कों के झरने भी सूखने लगे,
नींद में अक्सर जगाने वाले ख्वाब
भी हमसे रूठने लगे,
मगर वो अब भी
उम्मीद की मुँडेर पर बैठा रहता है,
उसने आज तक मुझे वो नहीं कहा
सुनने को जिसे दिल तरसता रहता है !
वो दिल के रास्ते आया भी था मगर,
हाथों की रेखाओं से

कहीं अलग थी उसकी डगर!!
गोया उसका साया ही मुझे यहां तक ले आया
मगर कशमकश यही रही कि
उसे खोया मैनें, या कि पाया?
इस सवाल के चेहरे पर
हल न मिलने की निराशा है,
मगर मेरी आँखो के किनारे टिकी,
अभी भी एक अभिलाषा है !!।।।।।।।।।।।।

24. हिम्मते मर्दां :

फ़सानों में ढलते हैं किस्से उनके, जिनके दम से हैं रवानियां,
जहां सुनता सुनाता है उनकी सदियों तलक कहानियां॥

सूरज से उधार किरनें लेकर, अंधेरों को जगमगातें हैं,
चांद से ले चांदनी का ज़खीरा, तारों से टिमटिमातें हैं,
गर्दिशों में हौंसलों को परखने किस्मत आजमातें हैं,
हाथों की लकीरों से वो जन्नत की तस्वीर बनातें हैं

समां जिनको सजदा करे, जो पन्नों में ढल जाते हैं,
आना जिनका महफ़िल सजाये, जो जाने पर रुलाते हैं,
खुदा तो नहीं वो लेकिन इबादत के वक्त जिनके आगे सर सभी झुक जातें हैं।

वक्त के हर लम्हे पर चस्पां हैं जिनकी अमिट निशानियां ....
फ़सानों में ढलते हैं किस्से उनके, जिनके दम से हैं रवानियां,
जहां सुनता सुनाता है उनकी सदियों तलक कहानियां ॥॥॥॥॥

25. रोशनाई :

बन्द रखता हूं खिड़कियां दरवाज़े।
कम्बख।। मेरी कलम की धार ने
इतने ज़ख्म दे दिए हैं दुशमनों को,
लिखने को खोलता हूं पन्ने,
तो डर लगता है ॥
जो उछाल कर फ़ैंके थे
लफ़्ज़ों के नुकीले नेज़े उन पर
कहीं काट न दें उनकी सोच के पर्चे,
डर लगता है ..
लगता है कलम का भी तोड़ ढूंढ लिया है मेरे रकीबों ने,
वो ईक रोशनाई से भरी दवात लेकर बैठ गए है उस ओर,
अब कैसे लिखूंगा ?
डर लगता है..
पहले मेरे ख्वाव भी मेरे साथ थे
लिखने में गज़लें।
ख्वाबों की बस्तियां उजाड़ दीं अब महफ़िलों ने
बढ़ रहीं हैं मेरी ओर.. महफ़िलें।
बन्द रखता.. हूं खिड़कियां दरवाज़े......
अकेले में डर लगता है ॥

26. दीया :

दिए सा समझते हैं.......

दिए सा समझते हैं कुछ इन्सान हमें
शाम गहराई तो जला लिया
और शब हुई तो बुझा "दिया"।

जले फ़ानूस तो कोने में एक सिम्त
बेजान सा पड़ा रह्ने दिया
और बुझे चिराग जो फ़ानूस के
तो पोन्छा मैले से कपडों से और फ़िर जला लिया
दिए सा समझते हैं कुछ इन्सान हमें
शब हुई तो बुझा दिया ।

अब तो जलने की आदत सी हो गई है
बिना तेल के भी लौ देते हैं
कशमकश सी रह्ती है अन्धेरों से
वो जीतने नहीं देते और हम रो देते हैं
कौन समझेगा किस्मत ने किस बात का सिला दिया
शाम गहराई तो जला लिया
और शब हुई तो बुझा दिया
दिए सा समझते हैं कुछ इन्सान हमें||||||||

लेखक के बारे :

ज़िन्दगी को एक किताब की तरह से लेने वाला, और हर दिन को उस किताव के एक पन्ने की तरह समझने वाला मैं, मैं यानि "रवि जसवाल", ने लिखना तो उसी दिन शुरु कर दिया था जिस दिन स्कूल में लिखने के लिए कलम थमाई गई थी। स्कूल में यह कलम अपने लिए भाषण लिखने लगी तो कालेज में स्नातक तक मुहब्बत के गीत। स्नात्कोत्तर करते करते अपने लिए और दूसरो के लिए थियेटर के "संवाद" और प्रोफ़ैशनल मंच के गीत लिखने लगी। ज़िन्दगी को समझना शुरु किया तो ज़िन्दगी के नग़्में लिखने लगी। ज़िन्दगी को जीना शुरु किया तो रोज़ रोज़ इस खूबसूरत कुदरत की तारीफ़ में कविता लिखना शुरु कर दिया। बस इसी प्रशंसा को लिखते लिखते न जाने इस कलम ने जीवन की गंभीरता को लिखना शुरु कर दिया और हिमाचल प्रदेश सरकार के सहकारिता विभाग से अधिकारी के पद से वर्ष 2023 में सेवानिवृत होने के बाद इस कलम ने प्रेरित किया मुझे अपनी पहली कविता की किताब लिखने को, जो आपके हाथ में है।

किताब के बारे :

सही शब्दों में कहूं तो मेरी यह किताब प्रकृति को समर्पित है क्योंकि मेरा लेखन पूरी तरह से प्रकृति से ही प्रेरित है। ये पेड़, पौधे, फ़ूल, पत्ते, पहाड़, बादल, आसमान, जीव जन्तु मुझे बहुत प्रेरित करते हैं और मैं सोचता हूं कि अगर इन्सान सिर्फ़ और सिर्फ़ प्रकृति से ही शिक्षा लेना आरम्भ कर दे तो इन्सान अपने ही बनाए हुए बन्धनों से मुक्त हो जाएगा। कहने को तो इन्सान बहुत प्रगतिशील है लेकिन प्रकृति के पास केवल

प्यार है, खुलापन है, एक सारता है, नवीनता है । उसके विनाश में भी निर्माण की शुरुआत है । बस इसी ख्याल से प्रेरित है मेरी यह किताब **"तू न जाने आस पास है खुदा"** ।

www.ingramcontent.com/pod-product-compliance
Lightning Source LLC
LaVergne TN
LVHW050032090526
838199LV00126B/3497
* 9 7 8 9 3 6 7 8 3 9 4 5 4 *